지은이 **존 고든**(Jon Gordon)

전 세계 수백만 명의 독자에게 긍정 에너지를 불어넣고 개인과 리더, 비즈니스 현장을 긍정적인 에너지로 소용돌이치게 만드는 미국 최고의 긍정 에너지 전문가이다. 《에너지 버스(The Energy Bus)》《뉴욕 111번가의 목수(The Carpenter)》《트레이닝 캠프(Training Camp)》《라커룸 리더십(You Win in the Locker Room First)》《인생 단어(The Power of Positive Leadership)》《긍정적인 팀의 힘(The Power of a Positive Team)》 등의 베스트셀러를 비롯해 18권의 저서를 출간했다. 현재 긍정적인 리더, 조직, 팀을 개발하는 데 열정을 쏟고 있다.

지은이 **데이먼 웨스트**(Damon West)

동기부여 강연가로 활동하며,《변화를 끌어내는 주도자: 전직 대학 미식축구 쿼터백이 무기징역을 선고받고도 자기 세상을 긍정적으로 바꾼 방법(The Change Agent: How a Former College QB Sentenced to Life in Prison Transformed His World)》의 저자이다. 지난 몇 년 동안 웨스트는 커피콩의 교훈을 대학 미식축구 선수들과 공유했다. 클렘슨대, 앨라배마대, 조지아대, 텍사스대를 비롯해, 수많은 학교와 기업에 커피콩의 교훈을 전달했다. 웨스트는 커피콩의 교훈에 열정을 가지고 있으며 그 교훈이 자신의 인생을 뒤바꾼 이야기를 들려주길 좋아한다. 그리고 이제 그 교훈이 여러분의 인생도 바꿀 수 있다는 사실을 알려주려 한다.

내 인생을 바꾼
커피콩 한 알

커피콩의 기적이 필요한

님께
_____

이 책을 드립니다.

긍정적인 변화를 쉽게 만드는 방법

내 인생을 바꾼
커피콩 한 알

존 고든 · 데이먼 웨스트 지음 | 황선영 옮김

KMAC

이 책을 캐스린에게 바칩니다.
그녀는 커피콩처럼 어려운 환경을 극복하고
자신의 세상을 바꿔나가는 중입니다.
-존 고든

***

내가 가장 아끼는 커피콩인
아내 켄델과 딸 클라라에게
이 책을 바칩니다.
-사랑을 담아, 데이먼

2018년 여름, 존 고든은 클렘슨 대학교 미식축구 감독인 다보 스위니의 사무실에 앉아 있었다. 두 사람은 각자 읽은 책에 관해 이야기를 나누고, 긍정적인 문화를 형성하고 우수한 실적을 올리는 팀을 만들 아이디어를 공유했다. 그것은 고든이 2012년부터 트레이닝 캠프가 열릴 때마다 늘 해오던 일이었다. 그런데 이날 스위니는 고든에게 어떤 사람이 선수들에게 대단히 강력한 메시지를 전달했다고 이야기했다.

그 사람은 바로 데이먼 웨스트였다. 그가 전한 메시지는 커피콩에 관한 것이었다. 스위니는 커피콩의 교훈을 너무 좋아해, 웨스트가 그에게 준 나무로 만든 작은 커피콩 열쇠고리를 들고 다닐 정도였다. 고든은 그 모습을 보고 웨스트와 커피콩의 교훈에 관해 더 자세히 알고 싶어졌다. 그래서 웨스트에게 전화를 걸어 자세한 이야기를 들려달라고 부탁했다.

웨스트의 성공과 실패, 그리고 대담한 재기는 고든이 살면서 들어본 가장 훌륭한 이야기 중 하나였다.

웨스트는 고든에게 커피콩의 교훈이 지닌 힘에 관해 이야기했다. 그 교훈이 자신의 인생을 어떻게 바꿔놨는지, 그리고 그 교훈 덕택에 낮은 성공 확률을 뚫고 자신이 기적적으로 재기한 이야기를 들려줬다. 그의 이야기를 듣고 나서 고든은 커피콩의 교훈을 전 세계에 널리 알려야겠다고 생각했다. 그래서 웨스트에게 이 책을 함께 집필하자고 제안했다.

웨스트와 고든은 커피콩의 교훈이 세상에서 가장 중요하고 영향력 있는 메시지 중 하나라고 생각한다. 두 사람은 이 간단하면서도 힘 있는 이야기가 독자와 독자가 속한 집단에 영감을 불어넣어 긍정적인 변화가 일어나기를 진심으로 바란다.

당신은 당근인가요?

달걀인가요?

아니면 커피콩인가요?

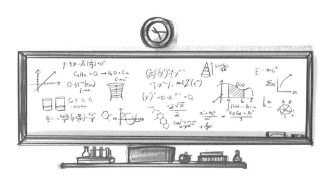

   에이브러햄은 과학 시간을 좋아합니다. 하지만 오늘은
아니에요. 오늘은 과학 시간도 싫고, 학교도 싫고, 모든 것
이 싫어요. 에이브러햄이 가장 좋아하는 잭슨 선생님은 교
실을 둘러보자마자 에이브러햄이 평소답지 않다는 걸 눈
치채셨어요.

수업이 다 끝난 뒤 선생님은 에이브러햄에게 잠깐 남으라고 말씀하셨어요. 그러고는 무슨 일 있느냐고 물어보셨죠. 모두가 에이브러햄을 에이브라고 불렀어요. 에이브는 학교 때문에 얼마나 스트레스를 받는지 선생님에게 이야기했어요. 곧 시험 기간이고 성적에 반영되는 비중이 큰 과제도 있는데, 금요일 밤에 중요한 미식축구 경기까지 열려 정말 걱정이 많았어요.

에이브는 대학에 가서 미식축구를 하는 게 꿈이었어요. 그런데 선수를 스카우트하는 분들이 금요일 경기를 보러 온다는 소식을 들었어요. 이번에 승리하면 에이브의 팀이 주 선수권 대회에 출전할 확률이 높아지는 상황이었죠. 그런데 이렇게 중요한 시기에 부모님이 자주 싸우셔서 스트레스를 많이 받았어요. 부모님은 처음으로 '이혼'이라는 말까지 꺼내셨죠.

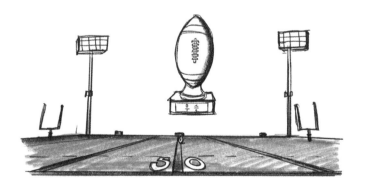

　에이브는 걱정거리를 전부 잊어버리려 노력한다고 말했어요. 소셜 미디어에서 시간을 많이 보내고 영상도 많이 보지만, 도움이 되기는커녕 오히려 더 부정적으로 변하고 우울해진다는 이야기도 했어요. 그러고는 이렇게 덧붙였죠. "경기가 잘 풀릴 때는 사람들의 기대에 부응하기가 힘들어요. 하지만 경기가 잘 안 풀릴 때는 사람들이 안 좋게 이야기하는 걸 들어야 해서 더 힘들어요."

잭슨 선생님은 고개를 끄덕이고 나서 에이브에게 그게 어떤 심정인지 정확히 안다고 말씀하셨어요. 선생님은 화이트보드 앞으로 가서 과학 공식을 지우고 물이 담긴 냄비를 그리시더니 냄비 안에 당근을 그려 넣으셨어요.

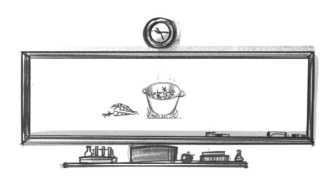

　"당근을 진짜 뜨거운 물에 넣으면 어떻게 될까?" 잭슨 선생님이 물어보셨어요.

　"뜨거워져요." 에이브가 대답했죠.

　"당근이 단순히 뜨거워지기만 하는 게 아니란다." 잭슨 선생님이 대답하셨어요. "오늘 밤에 집에 가서 실험해보고 어떤 일이 일어나는지 보려무나."

에이브는 알겠다고 대답했지만 뜨거운 물에 당근을 넣는 게 고민 해결에 도움이 될지 의아했어요.

"아, 요리해본 적 없으면 꼭 도움을 받으렴. 손이라도 데면 큰일이니까." 잭슨 선생님은 에이브가 교실에서 나갈 때 활짝 웃으며 당부하셨어요.

다음 날 수업이 끝난 뒤, 에이브는 당근을 뜨거운 물에 넣었더니 10분 뒤에 부드러워졌다고 선생님께 말씀드렸어요.

"그렇지? 당근이 환경 때문에 부드러워지고 약해진 거란다. 상황의 영향을 받은 거지." 잭슨 선생님이 말씀하셨어요.

"저랑 비슷하네요." 에이브가 말했죠.

"네 상황과 똑같단다." 잭슨 선생님이 대답하셨어요. 그러고는 화이트보드 앞으로 가서 물이 든 냄비 안에 달걀을 그려 넣으셨어요.

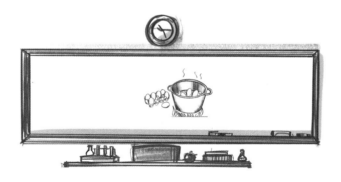

"이번에는 끓는 물에 달걀을 넣으면 어떻게 되는지 이야기해보렴."

"아, 그건 쉽죠." 에이브가 말했어요. "완숙 달걀이 돼요. 저도 그 정도는 알아요."

"똑똑하구나." 잭슨 선생님이 칭찬하셨어요. "달걀이 뜨거운 물 때문에 딱딱해지는 거란다. 그것도 마찬가지로 환경과 상황의 영향을 받기 때문이지."

"안타깝게도 이런 일을 겪는 사람이 많단다. 어려운 환경에 처하면 못되게 변하거나 화가 많은 부정적인 성격이 되는 거지. 가끔은 무감각해지기도 하고. 그러다보면 삶을 증오하고 사람을 싫어하게 된단다. 마음이 딱딱해져서 누구를 사랑하거나 누구에게서 사랑받고 싶은 욕망이 없어지는 거지. 선생님은 너에게 이런 일이 일어나길 바라지 않아. 그래서 이 이야기를 해주는 거란다."

"잘 알아들었어요, 선생님." 에이브가 말했어요. 잭슨 선생님이 왜 당근과 달걀에 관해 말씀하시는지 알 것 같았거든요.

"뜨거운 물에 넣었을 때 당근은 약해졌고 달걀은 딱딱해졌다고요. 이해했어요." 에이브가 말했어요. "저는 당근이나 달걀이 되고 싶지 않아요."

"그렇겠지." 잭슨 선생님이 말씀하셨어요. "하지만 네가 경험하고 이해해야 할 교훈이 한 가지 남았단다."

  잭슨 선생님은 냄비에 든 달걀 그림을 지우고 새로운 그
림을 그리셨어요. 이번에는 물이 든 냄비 안에 커피콩이 들
어 있는 그림이었어요.

"커피콩을 진짜 뜨거운 물에 넣으면 어떻게 될까?" 잭슨
선생님이 물으셨어요.

"잘 모르겠는데요." 에이브가 대답했지요.

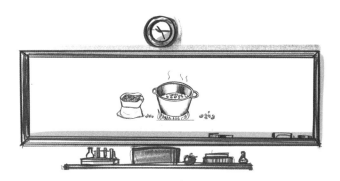

"그게 바로 네가 오늘 해볼 실험이란다." 잭슨 선생님이 책상에 있던 유리병에서 커피콩 몇 개를 꺼내며 말씀하셨어요. 그러고는 에이브에게 커피콩을 주셨지요. "집에 가서 커피콩을 한 시간 동안 뜨거운 물에 넣고 어떤 일이 일어나는지 잘 보고 내일 와서 말해주렴."

"화상 입지 않게 조심하려무나!" 에이브가 교실을 나설 때 잭슨 선생님이 큰 소리로 당부하셨어요.

다음 날 수업이 끝나고 에이브는 잭슨 선생님에게 뜨거운 물에 넣은 커피콩이 결국에는 물을 커피로 바꿨다고 신나서 이야기했어요.

"커피콩을 갈면 커피를 만들 수 있다는 건 알고 있었어요." 에이브가 말했어요. "그런데 갈지 않은 콩으로도 똑같이 커피를 만들 수 있는 줄은 몰랐어요."

"그래, 똑같이 커피를 만들 수 있단다." 잭슨 선생님이 말씀하셨어요. "시간이 더 오래 걸릴 뿐이지."

"꼭 마법 같았어요." 에이브가 말했지요.

"그렇지." 잭슨 선생님이 대답하셨어요. "하지만 선생님은 변신이라고 부르고 싶구나."

　선생님은 화이트보드에 나란히 놓인 냄비 세 개를 그리셨어요. 첫 번째 냄비 안에는 당근을, 두 번째 냄비 안에는 달걀을, 세 번째 냄비 안에는 커피콩을 그리셨지요.

　"이건 네가 살면서 배울 수많은 교훈 중에서 가장 간단하면서도 가장 강력한 교훈이란다." 잭슨 선생님이 화이트보드를 가리키며 말씀하셨어요.

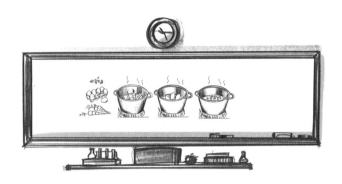

"인생은 아주 뜨거운 물과 같을 때가 많지. 세상은 가혹하고 힘들고 스트레스가 많은 곳일 수도 있단다. 살다보면 자신이 어떤 사람인지 시험받는 환경과 상황에 놓이기도 하지. 그런 환경은 잘못하면 사람을 변하게 하기도 하고 약하게 하기도 하며 때로는 딱딱하게 만들기도 한단다."

"제가 요새 겪고 있는 일처럼요." 에이브가 말했어요.

"그렇지." 잭슨 선생님이 대답하셨지요.

28

"요새 네가 학교생활, 과제, 시험 때문에 스트레스를 받잖니. 넌 훌륭한 미식축구 선수니까 사람들이 거는 기대도 버겁고, 부모님의 결혼 생활이 이대로 끝날까봐 걱정도 되겠지. 사람들이 소셜 미디어에서 쉽게 증오심을 드러내고 부정적인 일이 많아지면서 이 세상은 끓는 물이 담긴 커다란 냄비처럼 되어버렸어."

"하지만 너에게는 선택권이 있단다."

"환경 때문에 약해지고 부드러워지는 당근이 될 수도
있지."

"반대로 딱딱해지는 달걀이 될 수도 있고."

"아니면 환경을 바꿔놓는 커피콩이 될 수도 있어."

"선생님이 보기엔 네가 당근이나 달걀 같지는 않구나."

"선생님 눈에는 어려움을 이겨내고 세상을 바꿀 커피콩
으로 보인단다."

"네가 이 교훈을 평생 기억했으면 좋겠어. 어디를 가든 무엇을 하든 네가 커피콩이라는 사실을 기억하렴. 너에겐 네가 있는 환경을 바꿀 힘이 있다는 사실을 잊지 마."

"아무리 어려운 상황에 놓여도, 아무리 희망이 없어 보여도 포기해선 안 돼. 우리 세상은 외부에서부터 만들어나가는 게 아니란다. 내면에서부터 만들어나가고 변화를 주는 거지."

"네가 <u>스스</u>로 당근이라고 생각하면 외부의 힘과 세력이
네 내면의 힘보다 강하다고 믿게 될 거야. 그러면 너는 약
해지겠지."

"네가 스스로 달걀이라고 생각하면 세상의 부정적인 일이 너를 딱딱하게 만들 힘이 있다고 믿게 될 거야. 그러면 부정적인 세상처럼 너도 부정적으로 변하겠지."

"하지만 네가 커피콩이라는 사실을 알고 있으면 외부 세계가 너에게 영향을 미치게 내버려두지 않을 거야. 네 내면의 힘이 외부 세력보다 강하다는 걸 알게 되겠지. 그러면 네가 있는 환경과 세상을 내면에서부터 바꿀 수 있을 거야."

"힘은 네 내면에 있단다.

꼭 커피콩이 되렴."

잭슨 선생님은 주머니에서 커피콩을 꺼내 에이브에게 주셨어요. "이것을 주머니에 넣고 다니면서 네가 누군지, 너에게 어떤 힘이 있는지 항상 기억하렴. 난 너에게 최고의 날들이 아직 오지 않았다고 믿는단다."

　에이브는 활기를 되찾고 자신이 커피콩이라는 사실에 기뻐하며 교실을 나섰어요. 금요일 밤에 열리는 미식축구 경기부터 시작해 인생의 도전에 맞설 준비가 되었거든요. 그는 과제, 학교생활, 부모님의 이혼 때문에 더는 스트레스를 받지 않았어요. 인생을 보는 관점이 바뀌었고, 에너지가 달라졌으며, 마음도 가벼워졌지요.

그 주에 있었던 미식축구 연습 시간에 코치님은 통제할 수 있는 것만 통제하고 언론이 하는 말이나 경기 결과에 신경 쓰지 말라고 말씀하셨어요. 에이브는 그 말이 커피콩이 되라는 뜻이라는 걸 알아차렸지요.

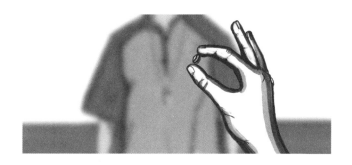

  그는 코치님과 팀원들에게 당근, 달걀, 커피콩에 관한 이
야기를 들려줬어요. 그러고는 팀원 모두에게 커피콩을 선
물했지요. 에이브는 팀이 어디에서 경기하든, 누구를 상대
하든 상관없다고 말했어요. 관객이 열광을 하든, 야유를 하
든 상관없다고도 말했지요. 힘은 관객석에 있는 것이 아니
라 팀원들의 내면에 있으니까요.

그런 생각으로 금요일 밤 경기에 나섰더니 다들 생애 최고의 경기력을 선보였고, 에이브의 팀은 결국 주 선수권 대회에서 우승했어요.

하지만 에이브는 그 경기에서 다치고 말았어요. 4쿼터가 끝나기 몇 분 전에 놀라운 플레이로 우승에 도움을 줬지만, 곧 위험한 자세로 넘어졌거든요. 걷기 힘들어 절뚝거리며 필드에서 나와 경기 끝부분을 벤치에서 지켜볼 수밖에 없었지요.

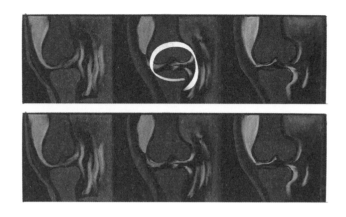

　며칠 뒤에 찍은 MRI 검사 결과, 무릎의 전방십자인대가
손상되어 수술이 필요하다는 진단이 나왔어요. 에이브는
이 부상이 대학에 가서 미식축구를 하는 데 지장을 줄까봐
걱정됐어요. 그래도 좌절하지 않았죠. 예전 같았으면 이 일
로 인생을 망칠까봐 불안했겠지만, 에이브는 이 부정적인
경험을 긍정적으로 바꿀 방법을 고민했어요.

그래서 커피콩 동아리를 만들기로 했죠. 학교, 지역사회, 세상을 더 긍정적인 곳으로 바꾸는 데 힘쓰는 동아리였어요. 에이브는 학교 수업도 듣고 무릎 재활도 하면서, 남는 시간에 동아리 친구들과 동네 초등학교를 찾아가 학생들에게 동화책을 읽어주기도 했어요.

　에이브와 동아리 친구들은 어려운 시기를 보내는 학생들에게 격려 쪽지도 썼어요. 모르는 사람들에게 깜짝 선행을 베풀기도 했고요. 소셜 미디어에 긍정적인 메시지도 부지런히 올리고, 포스트 끝에 '#커피콩'이라는 해시태그를 사용했지요.

에이브는 같은 반 친구들에게 이렇게 말했어요. "소셜 미디어에 올라오는 나쁜 말이 우리한테 영향을 주게 내버려 둘 필요 없어. 그 대신 우리가 소셜 미디어에 긍정적인 영향을 주면 되지. 한 번에 한 명씩 돕는 거야."

　시간이 지나면서 무릎도 점점 탄탄해졌고 에이브의 영향력도 커졌어요. 학년이 끝날 무렵에는 커피콩 동아리가 학교 문화를 바꿔놨다는 것이 분명해졌지요. 이제 학생들은 부정적인 태도가 멋지다고 생각하지 않았어요. 커피콩이 되어 남을 돕는 것이야말로 정말 멋진 일이라는 걸 깨달았으니까요.

　에이브는 고등학교를 졸업하고 나서 사관학교에 진학했
어요. 거기서 공부도 하고, 나라도 지키고, 미식축구도 했어
요. 대부분의 대학 미식축구팀은 무릎 부상을 이유로 에이
브를 뽑지 않았지만 사관학교는 그의 태도를 높이 평가했
어요. 그에게 사관학교에서 성공할 능력이 있다고 믿었거
든요.

처음 몇 달 동안, 에이브는 지금까지 겪은 것 중에서 가장 힘든 환경에 적응하면서 왜 사관후보생의 태도가 그렇게 중요한지 깨달았어요.

사관학교에서는 일부러 사관후보생이 실패하게끔 교육 과정과 시간표를 짰어요. 모든 일을 해내는 것이 현실적으로 불가능했기 때문에 누구든 무엇인가에 실패하게 되어 있었죠. 사관학교는 사관후보생 대부분이 실패를 경험하고 나서 더 강해지고, 더 현명해지고, 실력도 향상된다는 것을 알고 있었어요. 실패를 딛고 성장하지 못한 사관후보생은 결국 학교를 그만두었죠. 사관학교는 이런 과정을 통해 사관후보생을 솎아내거나 더 강하게 키웠어요.

에이브는 포기하는 사람이 되지 않겠다고 단단히 결심했지요. 그의 비밀 병기는 커피콩이 되는 거였어요.

사관학교의 물은 그 어느 때보다 뜨거웠지만 에이브는 그것을 자신의 환경을 바꿀 더 큰 기회로 삼았어요. 그는 어려운 환경 때문에 약해지거나 딱딱해지지 않기로 했죠.

　에이브는 실패란 누군가를 정의하는 것이 아니라 그 사람이 겪은 한 가지 사건일 뿐이라고 생각했어요. 실패했다고 해서 실패자가 되는 것은 아니니까요. 실패는 그저 우리가 극복하고 바꿔야 할 상황일 뿐이죠. 실패를 겪고 나서 교훈을 얻고 성장할 마음이 있다면, 그 경험이 우리를 더 강하게 만들어주기도 하거든요.

에이브는 안타깝게도 이혼으로 끝난 부모님의 결혼 생활에 관해서도 똑같이 느꼈어요. 물론 두 분이 이혼하신 게 슬펐지만, 그렇다고 해서 그 일이 자신의 삶을 정의하거나 부모님과의 관계에 영향을 미치도록 놔두지 않기로 했죠. 부모님이 달라지시기를 바랐지만 두 분을 직접 바꿀 수는 없었어요. 에이브가 할 수 있는 일은 부모님을 사랑하고 원만하게 이혼할 수 있도록 돕는 것뿐이었죠.

　에이브는 리더로 성장했고 사관학교에서 스타 미식축구 선수가 되었어요. 그는 커피콩의 교훈을 여러 사관후보생과 동료 선수에게 전파지요. 심지어 장교, 코치, 선생님에게도 커피콩 이야기를 해드렸어요.

에이브가 속한 미식축구팀은 미국에서 가장 빠르게 성장한 축구팀 중 하나가 되었어요. 몇 년 지나자 사관학교에서 중도 포기하는 사관후보생이 줄었다는 사실을 알아차렸어요. 학교 관계자들은 과거에 사관후보생들이 그만둔 이유가 역경을 감당하지 못해서가 아니었다는 점을 발견했지요. 그들이 그만둔 이유는 스스로 당근이라고 생각했기 때문이었어요.

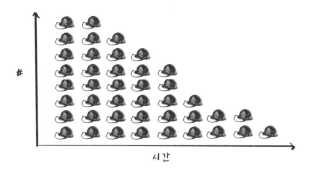

사관후보생 중도 포기 비율

에이브 덕택에 사관후보생들은 눈을 떴고, 자신이 커피 콩이 될 수 있다는 것을 깨달았어요. 그 결과 학교를 그만두는 사람이 적어졌지요. 사관학교에서는 여전히 모두를 똑같이 압박했고 환경도 예전만큼 힘들었어요. 달라진 점은 사관후보생들이 자신이 누구인지 진실을 알아차렸다는 사실이었지요. 그들은 자신이 더는 환경의 피해자가 아니라는 사실을 이해하기 시작했어요. 어려운 상황을 이겨내고 바꿀 힘이 자신에게 있다는 사실을 깨달았죠.

에이브는 사관학교를 졸업하고 군대에서도 리더 역할을 했어요. 거기서도 커피콩 이야기를 멈추지 않았죠. 어디를 가든 어떤 소대를 이끌든 에이브는 커피콩의 교훈을 병사들에게 들려줬고, 그들이 교훈을 잊지 않도록 커피콩을 나눠줬어요. 병사들은 에이브에게 배웠지만 에이브 역시 그들에게서 배운 것이 있었지요.

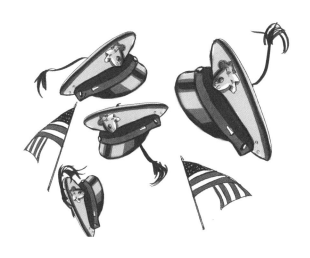

에이브는 대단히 위험한 장소와 상황에서도 병사들이 조국과 동료를 위해 목숨을 거는 모습을 봤어요.

그는 사랑이 공포보다 강하다는 것을 배웠지요. 그리고 그들의 사랑과 서로를 위해 희생할 수 있는 마음이 나쁜 결과에 대한 공포보다 강하다는 사실도 배웠고요. 사랑이 공포를 몰아낸다는 이야기는 들었지만, 눈으로 직접 본 것은 처음이었어요.

  에이브는 사랑과 공포의 상관관계를 이해하는 것이 커피 콩의 교훈과 완벽하게 맞아떨어진다고 생각했어요. 그래서 병사들에게 공포와 걱정이 우리를 약하게 하거나 딱딱하게 만들더라도 사랑이 우리를 달라지게 할 수 있다고 가르쳤지요. 사랑이 주변 사람들과 환경에도 변화를 줄 수 있음을 알려준 거예요.

자신이 인생을 사랑으로 살고 사람들을 사랑으로 이끄는
커피콩이라는 사실을 알면 공포가 아무런 힘도 발휘하지
못할 거예요.

그러니 에이브의 부대가 군대에서 결속력이 가장 뛰어나고, 가장 헌신적이고, 성과도 가장 좋은 부대 중 하나가 되었다는 사실이 전혀 놀랍지 않지요.

에이브는 군대에서 5년간 복무를 마치고 고향으로 돌아갔어요.

　고향으로 돌아간 그는 고등학교 때 사귀었던 여자 친구와 결혼했어요. 모교인 고등학교에서 미식축구 코치로 일하며 재능 기부도 했고요. 에이브는 선수들을 코치하는 일도 즐겼지만, 비즈니스 업계에서 일하고 싶은 열망이 더 컸어요. 그는 아내와 함께 아이를 낳는 것에 관해 이야기를 많이 나눴어요. 그래서 가족을 부양할 수 있는 일을 찾아 나섰지요.

에이브는 마침내 영업직을 구했고, 얼마 지나지 않아 아내가 첫아이를 임신했어요. 그 후로 몇 년에 걸쳐 두 사람은 아이를 세 명 낳았죠.

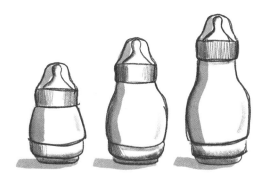

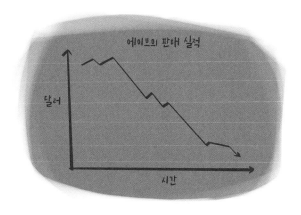

가족이 늘어나는 동안 에이브는 정말 열심히 일했어요. 그런데 문제는 아무리 열심히 일해도 판매 실적이 계속 감소한다는 거였어요. 그러다보니 가족을 부양해야 한다는 압박감이 심하게 느껴졌어요. 엎친 데 덮친 격으로 회사 상황도 별로 좋지 않았죠. 여러 기술적인 변화와 회사의 통제 범위를 넘어서는 경제 요인 때문이었어요.

며칠 지나고 또 몇 주가 지났지만 에이브와 에이브가 다니는 회사는 매출 목표와 목표 수익을 달성하지 못했어요. 에이브는 점점 겁나고 스트레스를 받았지요. 가족의 미래도 점차 걱정됐고요.

아내가 남편의 어려움에 관해 같이 이야기하려고 하면 에이브는 "내가 알아서 할게"라고 말하고는 방에서 나갔어요. 아내가 격려해주려고 노력하면 할수록 에이브는 오히려 마음의 문을 닫아버렸죠.

아내와 아이들이 더는 선물처럼 여겨지지 않고 부양할
책임이 있는 골칫거리로 느껴질 뿐이었어요. 담보 대출금,
자동차 두 대, 병원비, 신용카드 빚을 생각하면 자신에게
의지하는 가족이 부담스러웠죠.

어느 추운 겨울날 토요일 아침에 에이브는 혼자 부엌에 앉아 커피를 마시면서 앞으로 어떻게 해야 할지 생각했어요. 아내는 그의 우울한 분위기를 견디지 못해 아이들을 데리고 외출한 상태였죠.

　'새 일자리를 구하자. 군대로 돌아가자. 떠나서 다시는 돌아오지 말자.' 이런 생각들이 떠올랐어요. 에이브는 커피 잔을 내려놓고 손으로 얼굴을 감쌌어요. 그러고 나서 커피 잔을 들여다봤더니 커피에서 올라오는 열기가 느껴졌어요. 추운 날이었는데도 커피가 그를 따뜻하게 해주고 있었어요.

에이브는 고개를 저었죠. 사람이 지나간 일을 얼마나 쉽게 잊어버리는지 깨닫고 놀랐어요. 그는 몇 년 전 자신의 인생을 바꿔준 교훈을 잊고 살았던 거예요. 환경이 그를 약하고 딱딱하게 만들도록 내버려둔 거지요. 에이브는 역경이 닥쳤을 때 사람의 기반이 얼마나 쉽게 흔들리고 걱정과 두려움이 얼마나 빨리 찾아오는지 깨달았어요.

　에이브는 상점에 가서 커피콩을 사왔어요. 그러고는 책상 위에 있는 유리병에 담아두고 한 개만 주머니에 넣었어요. 다시는 커피콩의 교훈을 잊지 않겠다고 다짐했죠. 그리고 자신이 처한 환경이 더는 자신이나 가족의 미래를 정의하게 내버려두지 않겠다고 결심했어요.

아내가 아이들을 데리고 돌아오자 에이브는 사과했어요. 그러고는 이렇게 말했지요. "오늘이 내가 커피콩으로 사는 첫날이 될 거야."

에이브는 월요일에 출근해서 성공할 방법을 찾겠다는 굳은 의지를 보이며 일에 전념했어요. 스스로 해낼 수 있다고 믿었고, 실제로 방법을 찾아냈지요.

　동료와 상사들이 그의 달라진 태도, 에너지, 성과를 알아 차리는 데는 그리 오랜 시간이 걸리지 않았어요.

　모두가 신세 한탄이나 하고 옛날이 좋았다고 그리워할 때 에이브는 묵묵히, 그리고 열심히 일했지요. 새로운 인간 관계를 형성하고 기회를 찾아 나서 좋은 날을 많이 만들기 도 했고요. 그래서 얼마 지나지 않아 구역 판매부장으로 승 진했고, 1년 뒤에는 지역 판매부장이 되었죠.

영업직 직원과 지역 판매부장들은 대체로 자신의 상황에 관해, 그리고 경제에 관해 불평을 했어요. 하지만 에이브는 팀원들에게 커피콩의 교훈을 가르쳤어요. 그들은 힘을 합쳐 통제할 수 있는 일에 집중했고, 긍정적인 태도로 열심히 일했어요. 에이브가 맡은 지역은 분기마다 회사에서 실적이 가장 좋은 지역으로 뽑혔죠.

회사의 리더들은 에이브와 그의 팀이 무엇인가 다르다는 점을 눈치챌 수밖에 없었어요.

전체적인 판매 실적이 떨어지고 수익이 줄어들면서 리더들은 회사와 자신의 미래를 살리려면 무엇인가 해야 한다고 여겼어요. 그래서 에이브가 회사를 회생시키길 바라며 그를 영업과 마케팅을 총괄하는 자리로 승진시켰지요.

에이브는 모두에게 미래를 두려워하는 대신 앞에 놓인 도전을 즐기게 될 거라고 말했어요.

　그는 밤마다 집에 와서 회사가 겪고 있는 여러 문제를 가족과 상의했어요. 그리고 해결책을 마련하는 데 그들의 도움을 받았지요.

　그는 아이들이 남을 탓하거나 불평을 늘어놓는 사람이 아니라 문제를 해결하고 해결책을 찾는 사람으로 자라기를 바랐거든요.

에이브와 아내는 아이들에게 단순히 살아남는 방법을 가르치고 싶지 않았어요. 그보다는 성공하는 방법을 가르치고 싶었죠.

부부는 당연히 아이들과 커피콩 이야기를 자주 나눴어요. 아이들이 아빠가 전 직원을 대상으로 하는 프레젠테이션 준비 과정을 돕기도 했고요.

에이브는 전국 영업회의에서 직원들의 마음, 회사, 고객,
시장, 미래를 다시 얻기 위한 계획을 발표했어요. 커피콩의
교훈이 프레젠테이션의 큰 부분을 차지했지요. 에이브는
전달하려는 메시지를 강화하기 위해 살면서 겪은 개인적
인 경험도 공유했어요.

직원들은 아주 오랜만에 활기를 되찾았고, 출근해서 함께 미래를 만들어나가는 것에 기대감을 보였어요.

　직원들이 긍정적인 태도와 기대감을 보였어도 상황이 좋지 않아 하루아침에 좋은 결과가 나오지는 않았어요. 사람들은 여전히 걱정이 많았고, 에이브의 계획이 실제로 실현 가능할지 의심했죠. 상황이 좋지 않아 보였어요.

그래도 에이브는 포기하지 않았어요. 그는 이 상황 역시 변화가 필요한 또 하나의 상황일 뿐이라고 여겼죠. 그래서 자신의 계획, 믿음, 커피콩의 교훈을 모든 사람과 계속 공유했어요.

그랬더니 드디어 원하던 일이 일어났어요.

회사가 역사상 최악의 분기를 보내고 나자 상황이 나아지기 시작한 거예요.

에이브의 도움과 지휘 덕택에 회사는 적응하고, 혁신하고, 새로운 상품과 서비스를 추가했어요. 더는 수익을 창출하지 못하는 상품이나 서비스는 퇴출하고, 사업을 능률적으로 바꾸었죠. 새로운 기술과 아이디어, 그리고 열심히 일하는 직원들의 투지 덕택에 회사는 변신에 성공했어요.

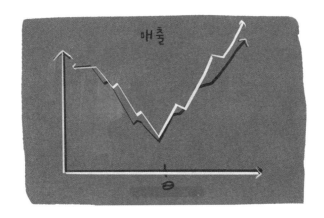

경쟁자 대부분이 죽어가는 산업에서 에이브의 회사는 번
창해나갔어요.

모두가 커피콩의 힘을 직접 경험했지요.

커피콩 이야기

    에이브와 그의 회사는 산업의 분위기와 경기 때문에 상황이 다시 나빠지게 내버려두지 않고 산업과 경제에 긍정적인 변화를 일으켰어요.

    세계 각지에서 전문가들이 에이브의 회사가 경험한 성공과 변화를 연구하려고 찾아왔고, 에이브는 여러 학회에서 연설해달라는 초청을 받았어요.

에이브는 커피콩에 관해 이야기할 때 가장 힘이 났어요.
그리고 몇 년 뒤, 이제 커피콩의 교훈을 세상과 나눠야 할
때가 되었다고 생각했어요.

아이들이 자라서 고등학생이 되어 입시 고민을 하고 있었기 때문에 에이브는 편한 마음으로 일을 그만뒀어요. 그리고 관심을 보이는 모든 집단, 조직, 회사와 함께 커피콩의 교훈을 공유했지요.

에이브는 잭슨 선생님과의 만남을 자주 회상했어요. 그는 선생님 덕분에 커피콩이 자신의 삶을 완전히 바꿔놓았다는 사실을 잘 알고 있었죠. 에이브는 가능한 한 많은 사람의 삶에 영향을 미칠 책임이 있다고 느꼈고, 그것을 삶의 목표로 삼았어요.

그리고 실제로

그런 삶을 살았어요.

에이브는 커피콩의 교훈을 공유하는 데 남은 생을 바쳤거든요.

그는 회사, 학교, 스포츠팀, 비영리단체, 병원, 심지어 아이들과도 교훈을 나눴어요.

청중의 규모와 관계없이 교훈에 관해 이야기했고, 절대로 지치는 법이 없었어요.

　에이브 덕분에 변화를 경험하고 새로운 삶을 살게 된 사람들의 사연이 물밀듯이 들어왔어요. 에이브는 그런 이야기를 접할 때마다 힘이 났죠. 그래서 이후 몇십 년 동안 커피콩 이야기를 사람들에게 들려줬어요.

노인이 되자 사람들이 에이브에게 언제 은퇴할 생각이냐고 자주 물었어요. 그러면 에이브는 껄껄 웃으면서 항상 이렇게 대답했지요. "커피콩이 다 없어지거나 제가 죽을 때가 되면 이 일을 그만둘 겁니다. 어쨌든 둘 중 한 가지 일이 먼저 일어나겠죠."

에이브는 커피콩의 교훈을 공유하는 것을 일이나 직업으로 생각하지 않고 일생의 사명으로 여겼어요. 그는 은행 계좌에 돈이 얼마나 있는지, 상을 몇 개나 탔는지가 중요한 것이 아니라는 걸 잘 알았지요. 가장 중요한 것은 사람들의 삶에 변화를 일으켰다는 점이었어요.

세상을 떠나기 몇 년 전, 에이브는 더는 비행기로 이동하거나 강연 활동을 하지 않았어요. 그래도 늙어가는 몸이 다른 사람의 삶에 긍정적인 영향을 미치는 일을 방해하도록 두지 않았죠. 아내가 먼저 세상을 떠나고 손자 손녀들도 자라고 나니 그에게 남은 것은 시간과 지혜뿐이었어요. 그래서 에이브는 사람들에게 시간과 지혜를 나눠주는 일을 하며 여생을 보냈지요.

　그는 집 근처에 있는 공원에 앉아 관심을 보이는 그 누구
에게든 커피콩의 교훈에 관해 자주 이야기했어요.

그러던 어느 날, 농구를 하던 고등학생이 잠깐 쉬려고 에이브가 앉아 있는 벤치 옆자리에 앉았어요. 그 학생은 겁에 질려 있고 스트레스를 많이 받은 것처럼 보였어요. 에이브는 무슨 힘든 일이 있느냐고 물었죠.

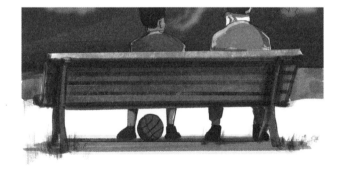

그러자 학생은 마음처럼 되지 않는 모든 일을 줄줄이 읊었어요. 그는 학교에서 성적도 안 좋았고, 여자 친구에게 차였고, 규모가 큰 공연을 하게 되었는데 자기 밴드에 대한 확신도 없었어요. 세상에서 일어나는 수많은 부정적인 일도 그를 지치게 했죠.

"인생의 의미가 뭘까요?" 학생이 물었어요.

에이브는 주머니에 있던 커피콩을 학생에게 건네줬어요. 그러고는 이렇게 말했지요. "얘야, 당근, 달걀, 커피콩에 관한 이야기를 하나 들려줄게……."

황선영 옮김

연세대학교를 졸업하고 서울대학교 국제대학원에서 석사 학위를 받았다. 현재 번역에이전시 엔터스코리아에서 출판기획자 및 전문번역가로 활동 중이다.

옮긴 책으로는 《인생 단어: 변화를 이끄는 긍정적인 사람의 한 마디》《기업을 바꾸는 CSR 리더》 《리처드 브랜슨처럼 오프라 윈프리처럼 스티브 잡스처럼》《싱크 스마트 워크 스마트》《리더 십이란 무엇인가》《촘스키, 절망의 시대에 희망을 말하다》(공역)《프로이트라면 어떻게 할까?》 《통찰력으로 승부하라》《미래가 시작될 때》《굿 초이스(Good Choice)》 등 다수가 있다.

레이철 예담 김(Rachel Yedam Kim) 그림

한국에서 나고 자랐으며, 어려서부터 그림을 그렸다. 서던캘리포니아 대학교에서 미디어아트 를 전공했다. 사람들에게 영감을 주는 이야기를 들려주는 걸 좋아하며 그림을 그리지 않을 때 는 거리 사진을 찍고 결혼식 촬영 영상을 편집한다.

www.yedamkim.com

내 인생을 바꾼 커피콩 한 알

초판 1쇄 인쇄 2019년 12월 31일
초판 1쇄 발행 2020년 1월 10일

지 은 이 존 고든 · 데이먼 웨스트
옮 긴 이 황선영
발 행 인 김종립
발 행 처 KMAC
편 집 장 김종운
책임편집 최주한
홍보·마케팅 김선정, 박예진, 이동언
디 자 인 이든디자인
출판등록 1991년 10월 15일 제1991-000016호
주   소 서울 영등포구 여의공원로 101, 8층
문의전화 02-3786-0752 **팩스** 02-3786-0107
홈페이지 http://kmacbook.kmac.co.kr

ⓒKMAC, 2020
ISBN 978-89-90701-14-5 03320

값 12,000원
잘못된 책은 바꾸어 드립니다.